MÉTHODE

DE LECTURE

SIMPLIFIÉE,

en dix Tableaux.

Prix :	L'exemplaire	» fr. 10 cent.
	La douzaine	1 »

A LAON,

Et chez les principaux libraires du département.

1851.

1er TABLEAU.

I.

a	e	é	è	i	o	u	à
â	ê	ë	ü	î	ô	û	ï
b	c	d	f	g	j	l	m

II.

fa	de	co	bu	di	jo	mé	lu
bé	fi	ja	le	ma	bo	dè	fu
ca	fe	la	fé	do	bi	mu	je
lé	mo	go	cu	ba	fê	da	me
mê	du	ji	gu	be	fo	li	lo
mi	ju	ga	lé	dè	bê	dé	jè

III.

u	o	è	i	ê	e	a	é
n	p	r	s	t	v	z	

pe	ré	si	to	vi	zu	ve	sè
ri	pu	na	pé	se	pi	no	zè
re	po	nè	va	zo	pa	né	ta
ni	vé	ru	ne	ra	te	so	té
za	ro	ze	ti	sa	zi	vo	tu
su	rè	vu	nu				

IV.

ga la fi le dé jà ca fé mi di bi le
ga ze mê lé ma da me dé bi le
li me a mi ca na da fa ri ne pi pe
bé ni vi le ra ve ra re sé pa ré
ca na pé da te sa la de ra fi né
zi be li ne se ra a rê ta vi pè re
zè le dô me é li za â me

A E I O U
B C D F G J L M N P R S T V Z

V.

Père badine vérité rumine repu fêve rade cône Adèle sûre sève volume nudité nomade gobe tôle fume écume mule joli modèle solo rôle redû poli revu Lazare Remi étape fidélité Rome Nicodème jeté minute vanité solidité camarade Jérome gaze demi muni nota dame rapide nature parade démoli révolu numéro carabine sévérité puni volé péri timide.

VI.

Le café, une vipère, la figure, une mère, une école, une capote, la solidité, la pipe, une râpe, la vérité, le légume, une jupe, une badine.

Le joli pavé, la cabane solide, le légume gâté, une figure ridicule, la fidélité de l'ami, le remède du malade, le père adoré, la robe de gaze, le modèle de l'élève.

Le malade a ri, papa a fumé sa pipe, Zoé a été malade, Émile serapuni de sa mère, le zèle du camarade, papa me punira, la lune se lève, Caroline ira à la cave, Jérome dira la vérité, l'étude sera utile,la sévérité de la mère, la solidité de la cabane, la vanité de l'élève, j'adore la divinité, une morale sévère, Émile a jeté sa capote, Remi lira samedi, ma mère a bu du café, la colère du camarade, Émile ira à la fête samedi, évite la colère de ta mère.

2e TABLEAU.

I.

id	ob	ig	az	op	uc	uf	ir
od	ac	il	ap	al	oc	ul	if
up	ad	os	at	ar	ol	ic	ab
og	ud	ib	of	ub	ag	ip	ur
or	as	us	is				

II.

bac	cob	duc	lac	gaz	sur	dur	luc
bal	mur	cap	soc	nul	fol	nil	car
sac	gap	fil	suc	par	pur	mil	lis
nor	tar	bic	noc	cal	bor	mal	tur
dic	nac	bil	bas	dif	bol	dor	nic
bar	vid	bis	nal	mir	bur	nup	nar
bos	tif	bul	cor	bus	nol	col	bir
sal	dop	sif	mar	gar	cul	doc	mul
var	gor	jus	nis	ful	roc	dac	fis
nos	cur	pas	por	cos	ral	cas	ric
mas	dir	pac	dis	pic	cus	fic	for
dar	das	lus	gal	fal	sar	fus	gol

gas far ris sor tir mor fac tuf
fur jar zig tor sol jas fir mol
zag tac pal tic tal nig vil pis
val pus vor lir vas pol vul lic
vir las vol vis lar bas pul sub
lor mus zur job nir vic rus fas
mal lup til pos gus rif rup dog.

III.

Ja cob nor mal lis te tar dif bo cal noc tur ne dic ta i nac tif su bir ca nal ar se nic dor mir bar be sub til bul be bor du re ve nir Bas ti de bus te cur sif bis cor nu Col mar mar di cal vi nis te cul ti vé né fas te ca po ral doc te jus te cas te ful mi né a bo lir pas to ral pos te é pac te mas ca ra de dis pu te for tu ne

IV.

Sénégal aspic dardé argus facture total furtif sardine golfe métal jardiné ravir sortir morsure zig-zag natal Victor pâlir tic-tac naval vaste virgule avorté piste poste corpuscule salir fistule ténor venir Ludovic bémol faste volupté juste tarif acte borne pistole Alaric Pascal larme énigme partir postal carte colporté opta mastic bascule salve corde adulte récolte marmite castor multitude captif palme Portugal parvenir garnir David normal colza arboré caduc abolir adopté armé absolu captivé capital costume copiste vif discorde ébéniste fabuliste fatal munir libéral parvenu parasol carnaval culture uniforme local motif vacarme unir dogme

V.

Octave va sortir, le bocal énorme, sortir du canal, le tarif élevé, le calcul rapide, la dureté du métal, la morsure de la vipère, la garniture de la robe, la carpe du canal, le caractère de l'élève, sortir de l'été, il a mordu ma tartine, Médor a dormi sur le pavé, salir le pavé, Victor gardera sa parole, il a dormi sur le canapé.

3e TABLEAU.

I.

eu ou an in on un oi au oin ai

II.

bou feu mon san toi pou lun gai
fon ban mau roi sai vin don boi
coin lai fun fan ton van soi rai
tau son moi din cai soin pon sou
man peu mou bon fou coi jau cou
foin jon gou dou jeu fai fau seu
join lin loi loin mai nou min can
pin bau lan moin bin con cau dun
ron dai poin j'ai bai dau foi gau
joi fin jou jan lou lon nan neu
lau meu nau pan noi vai pau pai
rou poi ran vou voi tou tan tai
vau tin dan veu nin sin rin

III.

bou ton fon te din don dou te gou jon
fau te fai re pon te tau pe boi re lun di
té moin sou pe jan te ma man ga min
jau ne lai de can ton bau me poin te
gau le jou jou sau té lou ve nan tir

IV.

Route paire seule Léon veuve Firmin voûte voile toute tante taire tinté jasmin foule bénin matou butin donjon ruban sinon bonté carton boudin tocsin ronde bondir balai boule cordon vaine mutin aire neveu Martin mouron pinson poule malin défunte maudire cautère dandiné vicaire fanfaron neuvaine acajou notaire pantalon vulgaire Auguste rancune épaule réponse amadou minerai fontaine avoine souvenir macaron molaire aboutir étoile consulté garantir augure bouture pèlerin jaunira intime soucoupe jointure Europe poularde infirmité numéraire oculaire amidon populaire donataire vocabulaire légataire militaire volontaire luminaire titulaire aubépine ordinaire amirauté.

V.

Un pantalon juste, la tante sévère, le lundi du carnaval, le mouton bêle, le goujon du canal, Antoine sortira jeudi, le mur du jardin, la taupe a dormi, j'ai vu un pinson, le jeu de paume, faire de la soupe au mouton, un vicaire a été tué, le témoin dira la vérité.

4e TABLEAU.

I.

Rapprochements.

œu en am em ain aim ein

im um eun eau om ei oui

II.

vœu bam daim peau ven sein fen

dam main den dain fum pain cam

faim bain men nain gam fein beau

sain jam len leau cain deau com

gain lam meau ren lom rain tain

sen teau pen neau ten reau vain

seau tam rein pein veau peau tein

lain tom sei pei vei tem ram

lim vam bom lei

III.

bam bin bom be ven te fen te ju meau

fein te poi reau ren te cam pé lam beau

fo rain ten te vi lain ra deau tam pon

é tain jam be par fum rou leau Vul cain

len te ra teau pen te sen tir loin tain

à jeun com te pen sif bu reau ca deau
nou veau ram pe ai rain im bu

IV.

Urbain levain bedeau gâteau rideau reine lampe tombeau taureau Seine peine veine beauté rondeau tempéré peinture denture combiné arpenté défense jambon lapereau louveteau limpide dominicain empire enfantin teinture tempête baleine colombe vampire contemporain patente consentir temporaire lendemain.

V.

La colombe, une rente, une bombe, le radeau, un rouleau, le bureau, une eau limpide, un comte, de la peinture, une rampe, le lapereau, une forte denture, il a arpenté mon jardin, le vœu du père, la tente du capitaine, parcourir le jardin, le bambin sera puni, il campera demain, le louveteau a été tué, le mur jaunira, la pente de la route, le locataire partira jeudi, la peinture de la porte, la peau de l'animal.

5e TABLEAU.

I.

ia ié iè io ui iu ian uin ien ieu ion iau iou ué

II.

bia lui miau fui pié sui tui tien sien vio vian dia sion dié cui dien lion fia dui tiè vien nui nia lieu bien bui mien fio pieu biè gui rian lien piè pion pui pia nié rui dieu miè riè nion fié rio ziè lié viè foui cué liu

III.

Dieu a dieu miau lé fui re gar dien sui te vian de tui le cui re diè te re nia nui re tiè de é pieu rui ne bui re fio le vio lon biè re co pia puî né é va cué.

IV.

Lion juin piano indien moitié étui conduire amitié diluvien salière altière opinion régulière paupière singulière période volière soutien ratafia conduite comédien soupière miniature manière fouine méridien suivante falsifié pitié couturière tabatière pépinière neuvième jardinière vivandière teinturière liure.

V.

La pépinière, une jardinière, du vin tiède, une soupière, nuire à son ami, une période, une tuile, un violon juste, de la lumière, je lui ai été utile, l'amitié console, une vive lumière, le bon Dieu, une petite tuile, la rivière coule, faire de la soupe, la rente de mon ami, une figure riante, la litière du mouton, la moitié de douze, la soupière a fui.

6e TABLEAU.

I.

ins euf oua eil ons ial our oif
oué air eul auf ail oir oul
eur ouf arc uir orc uif aug
aul anc act inc urc onc isc
ueil œuf ouir ouai ieur ouen
ieul ouan euil œur iur

II.

coua doir leil cail bour lial toir
vieil deur tail lour seur vial teur
cueil reil tinc gour sanc sour rail
reur veur teil vail meur gueil loir
poir neur bial jeur ponc cons fonc
teuil veil beur diur

III.

Neuf voir marc bœuf lieur cœur veuf
tour parc bail jour fuir pour sœur cuir
porc leur pouf pair sieur seul l'air sauf

cœur noir peur soir turc juif fisc donc Rouen suif deuil Paul jouir roua voua soif doua loua noué diurnal.

Tourneur relieur ardeur orteil labeur majeur gourdin lourde fauteuil tordoir bétail secoua tambour valoir réveil soleil danseur menteur sourde buveur sérail labial écueil jovial lavoir lenteur sauveur fourneau journal pourtour parloir pareil Jourdain fourgon orgueil vouloir filial laboureur sanctifié distinctif malfaiteur conducteur orateur constitué instituteur libérateur dortoir.

IV.

La faute du menteur, le voleur sera puni, le rouleau du cultivateur, un jour de labeur, le souverain Pontife, le réveil de ma sœur, un tordoir neuf, l'ardeur de l'élève, il ira à Rouen, il a peur de l'ouragan, un ton majeur, un ton mineur, le bail du locataire, l'ardeur du soleil, Paul portera le deuil de sa mère.

7e TABLEAU.

I.

ch	**gn**	**ill**	**ph**	**gu**	**qu**	**gl**	
vache	vigne	cheville	Adolphe	figue	chaque	ongle	
pl	**vr**	**tr**	**br**	**fl**	**cl**	**fr**	**gr**
exemple	ouvre	votre	sabre	trèfle	oncle	fifre	nègre
pr	**bl**	**dr**	**cr**	**sc**	**str**	**sp**	
propre	table	cidre	encre	scorpion	strophe	spirale	
sch	**ps**	**spl**	**scr**				
schisme	psaume	splendeur	scrutin				

II.

qua	chi	gni	cra	vri	qui	phu	que
gro	cli	gle	chu	vre	fro	tra	pho
gua	bre	cri	vro	gne	pre	gna	cho
illa	bru	phe	gri	illé	pha	tre	vra
bra	blo	pru	dri	illo	glo	vru	cha
gnu	tri	fla	gla	bla	fri	dru	ble
bri	plu	phi	flu	illi	pra	gli	dro
gru	bro	fli	glu	bli	gno	clu	fra
clo	gre	plo	fre	cro	dre	pla	gru
blu	cre	cle	dra	tru	fle	cla	pro
flo	ple	tro	plu	illu	fru	pli	cru

III.

Quatre propre prune nacre sabre crible guide

cheval déchu strophe frugal ouvre navra nègre grive régna bravo trèfle bride blocus drôle cria chacun globe fiacre diacre fendre filtre l'orgue crinon disque pendre fondre peindre feindre lièvre trafic scrutin ignoble mouillé tribunal Clara brune rendra broche marbre chute flûte cruche feuille fièvre cloche veille pareille Flore gagné dartre intru Drôme brutal phare cuivre manche prône chemin limaille abeille trivial oubli autre ventre cheveu prévoir ombre vache camphre brique gauche mailloche flacon stable caille bague rompre mordre maître phénomène gaufre chérir faible grenu soufre arbre cadre

Frère risque aveugle borgne rauque prénom trône sangle maigre chaleur marché liquide pauvre vendre mouilla bouilli souillure crâne cadavre sépulcre comique parchemin aqueduc probable pronostic prodigue cratère magnifique tripoli scrupule muraille archiduc banqueroute traduire boutique machinal profité curviligne débauche prétendre publicain aquilon scolaire quenouille dégradé château quiproquo chapitre incrédule équivoque prolétaire prématuré quotidien mitraille navigua octobre pléonasme rognure aquilin coqueluche charitable épitaphe crépuscule Adolphine semblable télégraphe liquoriste écriture.

8e TABLEAU.

I.

chal bron croi trir gnan fron chair
phan guin chir illau blou guir chin
gnon bleu crin truc clan cloi plan
cheur qu'en phon chas crou gran
quan chon chau brou chou cram
quin blan schis brui clai blon fleu
char fran glai choi flui glan choir
froi grai trui gloi flau plon phal
grin flai brai gron pren vrai plas
chan pleu gnal blas phar droi trou
dran plan plom phin qu'un phos
tran troi quel blai trac trai gueur
quoi chain vreur prin bleur stran
frai gueul cran quai frac troc froc
crain splen plain frain clin queur
vron tron gnoir

II.

Brin sceau clair choc vrai clou chien guindé
chair crampon moqueur cloître bronze vigueur

flétrir scorpion siphon croire fléchir grandeur
guingan Méchin pignon pécheur quoique chaste
croûte blancheur bouchon chardon Guillaume
principal blonde quinte chaude schisme broute
bruire claire fleuve franche flairé fluide flanqué
glande glaive chaire gloire glaire pleuvoir avril
chagrin prendre braire grande grondé blaireau
signal languir chantre cadran planche plombé
tranche fleurir octroi dauphin quelqu'un déclin
fraîcheur couvreur splendeur prochain Flandre
Seigneur plaindre droite graine plante manchon
lorgnon craindre refrain mignon fronde.

Quentin chanvre froideur chevron champêtre
poltron brandon franchir jongleur plainte treize
branche trouble plastron pleureur champignon
liqueur chaîne planteur échoir patron blanchir
chambre caillou trompeur quarte Charlemagne
déplaire bouillir éblouir maréchal quatrième
prospère requin fructifié antiquaire cataplasme
guirlande clairon bleuâtre échoua blasphême
froidure agraire triomphal instructeur droiture
phosphore fracture transporté strangulé écharpe
épagneul échanson quinzième éteignoir échaudé
scandale agrandir abreuvoir patrouille distraire
retracté instruction instruire quinzaine.

9e TABLEAU.

I.

c suivi de e, i, se lit comme s........... ceci.

g suivi de e, i, se lit comme j .... juge, gîte.

H h est toujours nulle, excepté quand elle est précédée d'un c ou d'un p; la réunion de ces deux lettres forment ch et ph qui se prononcent comme dans.... riche, Adolphe.

Le K k et le Q q se lisent comme c. moka piqûre.

e se lit comme è ouvert devant une consonne........................ perte, nouvel.

II.

ec ed ef el ep er es ief ier iel

ce ki ci ver ka gi der ge cin ha gé pec hu per ber hô mer hé ko hi ves bel lec his bec tel ner ter nep cer cen ver heu cein hon cel ceau cid del fer las ces ler cien cion cif gel fes nec pes sel hum ger ges mec sec res rel gir sion vec les hau han cia giai cié hen thé sep ser nel cir mel tes des fec cier zes ber jes ques chel

III.

Coq nef miel fiel gîte piège Lucien version nièce verdir farce larcin hameau gorge hibou perte merle Koran veste mortel servir moka ceci kilo terne verge monceau heure maternel Marcel honte amer delta dégel germe hangar actuel geste nectar peste doucir suspicion agir avec reste haute Henri formel marge cerveau terme perle vertu durci alerte farcir intestin verbiage percé Abel herbe pouce congé sauce linge songe serge hâtif logé cage ici face gêne gage âgé juge puce sage tige verbal remercia lecture inceste gerbe.

Célestin moderne durcir regir vernir leste civil force ferme zeste surgir large septante destin orge héron fustigé remercié pectoral gémir berline humide hôpital piqûre Neptune humidité corporel médecin majesté virginal végétal amorce perverti défectif alterne éloge éternel Alphonse trace liberté naturel manuel justice électif adjugé auberge colonel courage paternel romance audace orange roulage réagi séance défoncé avance Océan ceinture cierge servante convertir hébergé haleine submergé langage cécité menace régime bagage festin menacé fougère rivage cigale dégagé malice girafe déluge policé délogé végété tenace tirage cirage ravage céléri tapage vivace orage agile décidé tacite fertile modeste séquestré l'ermite caverne avertir citerne funeste fugitif général partage naturel verdure giberne adjectif ulcère despote ébahir Eugène centenaire eucologe écervelé adversité invective alternatif décistère Théodule perversité législatif manifesté origine.

Héritage subterfuge belvédère municipalité certitude ermitage armistice élégance taciturne responsabilité avantage sauvetage convenance mercantile abondance octogénaire vagabondage indocile homicide vivacité bénéfice université tenacité voracité perpétuel cabotage ménagère civilité véracité légitime universel épiderme célérité docilité géniture duplicité bénédicité capacité pestiféré facilité certitude persévéré septuagénaire.

10e TABLEAU.

I.

ti a la valeur de **si**. . . . . **nation.**
ez ———— **é** . . . . **portez**.
er ———— **é** . . . . **aimer.**
ç ———— **s** . . . . **façade.**
X ———— **gz** . . **exercé** ou **cs**, **oxide**.
Y ———— { **i** / **ii** } . . . . . . **style, payé**.
s ———— **z** entre deux voyelles. . **toison.**

La dernière consonne des mots est ordinairement nulle : **fusil, tabac.**

Le pluriel **nt** des verbes ne se prononcent pas : **ils aiment.**

en, précédé de **é, i, y,** se prononce **in : saducéen, bien, moyen.**

il a quelquefois la valeur de **ill : portail.**

Deux consonnes de même nom n'en valent qu'une dans la lecture : **sonneur.**

eu se prononce **u . tu as eu.**

um se prononce **om : album, factum.**

Le tréma (··) est un double point qu'on met sur une des voyelles *e*, *i*, *u*, pour la faire prononcer séparément de celle qui précède : *naïf*, *Saül*, *ciguë*.

II.

Poison ration maçon reçu action charcutier toison strangulation noyade notion ils voient ballon boucher maison ils aiment translation marchepied constance componction minutieux relation fixe cieux exactitude déshonorer lyre mieux martyr physique pillage loyauté myope accordé indécision faubourg noyer vous portez noya nez cerise exigu suçoir mystère épouse pyramide fixa système martial caleçon noyau tyran Noyon partial expulser beurre pommade luxe laxatif oxigène dextérité village maxime taxé gomme exhorter portion tuyau coudoyer tutoyer patrie Lyon mesure cordonnier.

Moïse conversation Isaïe limier liaison Saül menuisier mention danger Esaü biscuit Pierre Joseph François Hippolyte Eugénie Théodémir Ernest Jules Louis Hilaire Françoise tonneau décrier Charles Edmond sérosité base clocher déçu colombier saducéen rouet gerçure rasoir soulier bruyères dernier folie élixir almanach exaucer faction bouquet boutiquier expression ruisseau procès épicier février carré parquet assez époux pestilentiel plébéien sexe premier partialité oiseau syntaxe quinquet nasal trésor expéditif désarmé fonction isolé aïeul caserne parrain passereau joyeux.

Laon, Imp. de Ed Fleury et Ad. Chevergny.

www.ingramcontent.com/pod-product-compliance
Lightning Source LLC
Chambersburg PA
CBHW061519040426
42450CB00008B/1701